AF358890

1

Sermon de Charité prêché à l'Eglise St. Jacques de Lunéville le 24 Octobre 1852.

Se vend au profit de l'Eglise St. Maur.

„ Qui adhaerent Domino et colant eum, laetificabo
„ eos in domo orationis meae. „

„ Ceux qui aiment le Seigneur et qui cherchent
„ à le glorifier par leurs hommages, seront comblés
„ de consolation et de joie dans le Sanctuaire
„ où ils offriront leurs prières. „   Isaïe. 56.

Mes Frères,

Lorsqu'en 1815, Notre vénérable pasteur
ont chaque jour de sa longue existence a été

marqué par des bienfaits, lorsqu'il entreprit sans autre ressource que son zèle et votre charité d'ouvrir un asile à d'infortunés vieillards, périssant de froid et de misère dans d'obscurs réduits, d'où leur indigence les exposait chaque jour à être expulsés, tellement accablés et presque abrutis sous le poids de l'âge et des douleurs physiques qu'ils rendaient souvent le dernier soupir sans avoir songé à implorer la miséricorde Divine; Quand vous vîtes avec quel dévouement ce bon père des pauvres réussit à pourvoir largement à tous les besoins du corps et de l'âme de ces malheureux, grâce d'abord à ses grands et nombreux sacrifices et au courage avec lequel il sut vaincre de graves difficultés, vous répondîtes tous à l'appel qu'il fit à votre inépuisable charité, et grâce ensuite à vos largesses aussi, Depuis trente six ans ne lui ont pas fait défaut, vous avez maintenant sous les yeux le spectacle bien consolant d'un établissement qui, déjà richement doté, et désormais une existence aussi assurée que celle de l'hôpital. Un jour ce digne pasteur que vous avez salué, avec tant d'enthousiasme quand vous avez appris que le gouvernement venait de le décorer ; mais cette distinction si honorable et si méritée est-elle à comparer à la joie qui lui est réservée lorsque environné de cette foule de malheureux qui lui ont été ou qui lui seront redevables d'une vieillesse heureuse et du salut éternel ; il entendra de la bouche sacrée du divin Rédempteur ces douces paroles : Venez, le béni de mon père ; entrez dans le séjour du bonheur qui vous est préparé, car, j'ai eu faim et vous m'avez donné à manger ; j'ai eu soif et vous m'avez donné à boire ; j'ai été nu et vous m'avez vêtu.........

Et vous tous, mes frères, qui vous êtes associés à une si belle œuvre, si, à l'exemple de notre vénérable pasteur, vous avez agi dans les sentimens que la foi inspire et commande, quelle ne doit pas être aussi votre récompense. Eh bien ! serez-vous insensibles aux prières touchantes que vous adressent par mon organe tous ceux qui visitent notre nouvelle Église pour y chercher les secours et les grâces dont ils ont besoin.

Je suis heureux de le dire à une époque où la religion inspire tant de

magnanimes de dévouement et de charité
où les institutions les plus utiles, les plus
admirables surgissent avec une sainte
émulation, pour consoler toutes les douleurs
et pour soulager toutes les souffrances.
Je suis heureux de le répéter devant une
assemblée, non moins connue par sa
générosité que par son amour à faire le
bien.

Permettez-moi de l'affirmer ici, mes
frères, parmi les œuvres les plus chrétiennes,
les plus divines et les plus humanitaires,
si je puis employer ce mot, il n'en est point
qui soit aussi féconde en résultats salutaires
que la fondation d'une Église, soit que
nous la considérions par rapport à Dieu,
soit que nous calculions les heureux effets
qu'elle doit produire sur des milliers
d'individus. Je ne veux pour le prouver
que les paroles du divin maître quand il
nous assure que toute la loi et les prophètes
sont renfermés dans le précepte de l'amour
de Dieu et de l'amour du prochain,
in his duobus mandatis; c'est donc, en un
mot, la charité! Oui, c'est au nom de
cette vertu qui est la plus sublime et la
plus instamment recommandée, que je
viens faire un appel à vos cœurs, pour

5

m'aider à mettre la dernière main à un
pieux édifice, qui m'a procuré l'honneur
d'être admis au sein des plus illustres
familles de la France et de l'Étranger.

Je croirais cependant manquer aux
devoirs que ma mission m'impose, si
je n'offrais au plus pauvre comme au
plus riche de mes concitoyens l'occasion
de faire une œuvre agréable à Dieu
et en même temps si utile et si glorieuse
pour notre ville.

Ô Jésus ! Pasteur des âmes qui
désirez si ardemment — les attirer à vous,
et nous consoler, nous bénir, nous
fortifier dans le voyage si pénible de la vie !
C'est au pied de vos tabernacles que nous trouvons
toutes les douceurs, tous les secours, tous les
remèdes qui doivent nous sauver. Bénissez,
je vous en conjure, mes humbles paroles,
afin qu'elles fructifient dans ce pieux
auditoire et que, trouvant un appui
généreux, j'aie la joie de conduire à
bonne fin l'œuvre que vous avez si
merveilleusement soutenue jusqu'ici !
Bone pastor, Jesu nostri miserere ! Et vous,
auguste Marie, arche d'alliance,
vrai sanctuaire de la Divinité, nous

voulons vous honorer plus particulièrement et mériter votre protection si douce et si heureuse! Mais il nous faut un autel qui vous soit consacré et où nous pussions vous adresser nos tendres hommages. Aidez-moi, je vous prie, disposez favo- -rablement les âmes chrétiennes qui m'entendent et bientôt tous nos vœux seront comblés: Fœderis arca, Mater Dei, ora pro nobis!

Vous savez, Mes frères, que la charité comprend essentiellement l'amour de Dieu. Il est écrit à la tête de tous les commandements: Vous aimerez le Seigneur du fond de votre cœur et avec toutes les forces qui sont en vous! Diliges Dominum ex toto corde tuo et ex totis viribus tuis. Or, mes frères, quand on aime réellement Dieu, on ne se contente pas de l'adorer soi -même en particulier, mais on s'efforce d'engager les autres à lui rendre les mêmes hommages; on emploie tous les moyens possibles pour qu'il règne sur les consciences et qu'on obéisse à ses volontés adorables. Il est évident que rester indifférent aux intérêts de la gloire de Dieu, ne pas ressentir ce

zèle ardent qui dévorait le prophète pour
tout ce qui tient à la maison du Seigneur:
Zelus domus tua comedit me; ne rien faire pour
ramener autant que possible, les brebis
au bercail, ce n'est pas aimer Dieu
comme il le demande.

Vous désirez, mes frères, lui donner tous
les jours des preuves de la charité dont vos âmes
sont embrasées. Eh bien! Dites moi s'il est un
moyen plus beau, plus efficace, plus
continuel que celui d'élever un temple
à la majesté de Dieu trois fois Saint?
En effet, c'est ici que le Seigneur se
manifeste d'une manière plus sensible
aux âmes pieuses, qui viennent devant
lui épancher leurs vœux et leurs
prières. Il ne remplit pas seulement
cette auguste enceinte de la gloire de son
nom comme autrefois dans le merveilleux
Sanctuaire de Jérusalem; il habite
réellement avec nous et suivant la
parole d'Ezéchiel, il se place au
milieu de nous pour nous confier le
soin de lui rendre les hommages qui lui
appartiennent. Dabo Sanctificationem mea
in medio eorum.

Aussi, Mes frères, entendez ces chants
sacrés qui retentissent, au moins chaque

dimanche, sous les voûtes de nos églises ; écoutez les prières qui tombent continuellement des lèvres et du cœur de tant de fidèles, soit dans le secret et à l'ombre de nos autels, soit dans les offices publics de la religion. Voyez ces pompeuses et touchantes cérémonies auxquelles nous trouvons un charme toujours nouveau, suivez les nuages de cet encens qui monte vers le tabernacle et ensuite vers le ciel ; n'oubliez pas surtout l'ineffable sacrifice qui est offert par les mains du prêtre et qui surpasse infini- -ment toutes les oblations qu'on a jamais pu imaginer. Dites-moi, mes frères, dites-moi s'il est possible de rendre à Dieu plus d'honneur et d'adoration que dans les lieux qui lui sont consacrés ? Donc, si vous tenez réellement aux intérêts de sa gloire, si vous l'aimez assez pour désirer qu'il soit connu et servi comme il le demande, employez tous vos efforts pour aider à la construction de son tabernacle parmi les hommes : tabernaculum Dei cum hominibus. Plus ils seront nombreux, ces asiles de la prière, plus Dieu sera connu, adoré et supplié, plus il sera béni, plus il répandra ses bienfaits, plus enfin il y aura de paix et de bonheur dans le monde.

Les Païens l'avaient bien compris, mes frères, c'est pourquoi ils multipliaient à l'infini les Statues, les autels et les temples de leurs divinités mensongères. Interrogez les ruines des cités que le temps a renversées dans sa course; parcourez, je suppose, les rues à jamais silencieuses d'Herculanum & de Pompéï; que trouverez vous à chaque pas et à tous les angles des carrefours? Un autel, un temple élevé à quelques faux Dieux. Aujourd'hui encore, il y a bien des peuplades infidèles qui peuvent nous confondre, nous adorateurs de l'éternelle Vérité; non seulement leurs Villes et leurs bourgades ont une foule de monuments religieux, mais dans chacune de leurs maisons, vous trouverez un pieux Sanctuaire où se conservent avec soin les idoles révérées et où l'on va les prier chaque jour.

Et nous, ô suprême et juste rémunérateur nous serons condamnés à voir dans nos pays si fiers de leur civilisation, des populations nombreuses végéter dans l'ignorance de vos perfections infinies, dans l'oubli de votre loi et dans les

nos peines, d'implorer ses grâces, de nous
unir à lui par le rapprochement le
plus intime, le plus admirable; et
nous pourrions être indifférents à un
moyen aussi précieux de perfection et de
salut! Nous oserions le négliger et
opposer l'ingratitude la plus monstrueuse
à un prodige d'amour et de miséricorde.
Oh, mes frères! Non, nous n'en serons
pas réduits à un pareil aveuglement,
à une insensibilité aussi criminelle.
Hé bien! ce que nous craindrions pour
nous, voulons-nous que nos frères le
subissent? Nous avons pour Jésus-Christ
anéanti sur nos autels, une charité
ardente, profonde et sincère, et nous
souffrirons qu'il y ait dans notre cité
des populations qui ne l'adorent pas
souvent dans son tabernacle puisqu'
-elles n'ont pas à leur proximité une
église où elles puissent prier toutes les
fois qu'elles en éprouvent le désir, qui
n'assistent que très rarement à l'ineffable
sacrifice où il continue à s'immoler
pour nous et qui ne le reçoivent presque
jamais dans leurs cœurs! Nous verrons
autour de nous des enfants qui, selon
l'expression du prophète demandent

11

désordres d'un paganisme honteux, puisqu'elles
n'ont pas un asile où elles puissent prier,
apprendre le besoin qu'elles ont de vous
et recevoir en retour de leurs adorations,
les grâces et les consolations qui leur sont
nécessaires pour la vie présente et sans
lesquelles on ne saurait mériter les
joies éternelles des cieux.

Mais pour nous chrétiens, il y a un
autre motif qui découle directement de
notre foi. Nous croyons que le divin Rédempteur dans l'excès de sa charité a institué un
sacrement où il a trouvé le sublime
secret de rester avec nous sous les voiles
d'un mystère pour mieux nous soutenir
à travers les épreuves de ce monde et pour
obtenir de nous, d'une manière plus
parfaite, ces hommages, ces adorations,
ces louanges, ces actions de grâces qu'il
attend de nos cœurs ! Eh quoi ! Mes Frères,
nous sommes instruits de cette grande
vérité; nous pouvons avoir un Dieu
continuellement avec nous; rien ne
nous empêcherait de le voir autant
que cela est possible à notre condition
mortelle; nous avons toutes les
facilités de lui confier nos besoins et

à grands cris le pain céleste, le pain des an[ges]
et le pain de la vérité par l'instruction
religieuse, au moins les Dimanches e[t]
les fêtes, et nous refuserons de donne[r]
l'obole qui doit les aider à prépare[r]
une demeure au Dieu de l'Euchari[stie]
qui sera leur consolation et leur force
sur la terre. Appelé par le premie[r]
pasteur du Diocèse à l'administrat[ion]
de la naissante paroisse, devrais-je
toujours porter envie aux population[s]
plus favorisées et qui peuvent au moi[ns]
se réunir à la voix du pasteur dans [les]
mêmes hommages et la même obéiss[ance]
à Notre Dieu? Mes frères, il suffit [de]
poser une pareille question pour la
résoudre; et vous avez trop de foi, tro[p]
de piété, trop d'amour envers notre
bon Sauveur pour lui refuser un asi[le]
une tente de voyage pendant le
pèlerinage qu'il veut accomplir av[ec]
nous sur la terre: factus cibus viatorum. [Et]
comme il s'agit d'abriter un Dieu
même dans le Sanctuaire; doit-on
discuter ce qu'on lui accordera? serait[-il]
possible de ne pas entourer l'autel
qui est devenu son trône de tout l'écl[at]
de tous les ornements qui répondent

la grandeur infinie de cet hôte divin
qui feront sur les cœurs une si salutaire
impression ?

Ô mon Sauveur ! pardon si je plaide
ci votre cause avec tant de faiblesse !..
Je sais que vous êtes né dans une pauvre
étable, que vous avez passé une carrière
de trente années dans les privations de
l'indigence, que vous êtes mort délaissé
et chargé de malédiction sur une croix !
mais je sais aussi qu'on ne refuse rien
quand on aime et qu'on éprouve un vrai
bonheur à retrouver partout l'objet de ses
délices ; vous déclarez que vos délices sont
d'être avec les enfants des hommes ! Delicia
meæ esse cum filiis hominum ! Oh ! je veux
par amour pour vous et pour me conformer
à vos désirs, contribuer selon mes forces
à vous procurer un sanctuaire de plus
où vous puissiez mieux bénir, mieux
consoler, mieux sanctifier vos enfants
et recevoir d'une manière plus digne
les hommages qui vous sont dûs.

J'ai, Mes frères, dans une
seconde réflexion à interroger vos cœurs
au nom de l'amour pour le prochain,
j'espère que la réponse sera aussi conforme
à nos vœux que celle que je viens de

faite au nom de l'amour pour Dieu.

En effet, je parle à des âmes généreuses qui n'épargnent aucun sacrifice pour soulager tout ce qui souffre et tout ce qui gémit en ce monde. Il est impossible d'énumérer les œuvres prodigieuses que la charité multiplie sous les inspirations de la religion.

Comptons, s'il vous plait, ces hommes qui abritent les membres souffrants de Jésus-Christ et qu'on retrouve jusque dans les moindres bourgades; comptons ces asiles précieux où l'enfance abandonnée trouve des mères et des anges pour la protéger! comptons ces écoles innombrables, ces institutions de tout genre, ces admirables sociétés sans parler des dévouements sublimes et individuels qui remédient avec tant de puissance aux plaies de notre époque, et nous saurons alors si la parole humaine pourrait suffire à tout admirer, à tout louer, à tout célébrer. Ah! Dieu seul récompensera dignement le bien que les cœurs sanctifiés par la religion opèrent chaque jour pour guérir ou adoucir les maux de l'humanité souffrante.

Mais ces œuvres magnifiques

sont-elles à comparer, je vous le demande, à la salutaire et universelle influence d'une église, où d'ailleurs elles trouvent leur origine et leur mobile ? Veuillez m'écouter avec bienveillance et vous en jugerez d'après mes simples observations.

L'âme a ses besoins et ses maladies comme le corps. Je voudrais alors que sur la porte de nos temples, on ne vît pas seulement cette inscription : Voici la maison de Dieu ! Domus Dei ; mais il faudrait y ajouter : voici l'école de la vérité, voici l'asile de paix, voici le port après le naufrage !

Qui est-ce qui entre à l'église ? Ce sont peut-être des ignorants, des hommes qui ne savent d'où ils viennent et quel est le but principal de leur existence. Pauvres voyageurs, écartés de la route et perdus dans les sentiers qui mènent à l'abîme, ils ont besoin qu'on les éclaire et qu'on les guide pour ne pas périr ! Eh bien ! Mes frères, vous le savez, dans une église on commence pour ainsi dire, dès le berceau à distribuer la science du salut, à enseigner les vérités qui font le chrétien, qui le

sanctifient et qui le conduisent à sa
destinée éternelle. On y prodigue cette
instruction à l'enfance, on la continue,
au moins chaque dimanche, à tous les
fidèles et c'est ainsi qu'une hérédité
de vertu s'établit : de génération en
génération les leçons du pasteur
régissent le foyer domestique, d'où
naissent, avec la fidélité aux devoirs
religieux, tous les éléments de
tranquilité et de bonheur public.

Ceux qui viennent à l'église
ont quelquefois à lutter avec les
passions les plus terribles leur âme
est couverte de plaies bien douloureuses,
qui lui rendra la beauté et les forces
qu'elle a perdues ? Tous les remèdes ne
se distribuent-ils pas aux pieds des
autels ? n'est-ce pas ici en particulier
que le Divin Rédempteur nous adresse
avec bonté ces touchantes paroles :
Venez à moi vous tous qui souffrez
et qui êtes accablés de quelque
fardeau sur le chemin que vous
parcourez. Je vous soulagerai et
vos âmes trouveront près de moi
le repos et la paix. Venite ad me omnes qui
laboratis et onerati estis et ego reficiam vos. oui,

venez, c'est ici le port de Salut…

Quelles sont donc, mes frères, les misères qu'on ne pourrait adoucir ou dissiper à l'ombre du Sanctuaire? La prière et surtout la prière publique les dimanches et les jours de fêtes, ensuite les Sacrements n'offrent-ils pas les ressources les plus efficaces pour nous remettre dans la grâce de Dieu et dans la voie du solide bonheur? Dites-moi, Mes frères, s'il y a une passion, un seul vice, une seule habitude qui puisse résister au contre-poids infini de la communion bien faite? S'il en est ainsi, si vous comprenez comme moi combien notre Société est malade, vous aurez à cœur de fournir à ces chrétiens égarés un moyen de se retremper dans une seconde innocence; en leur donnant un autel, une église où ils viendront s'amender et se fortifier dans la vertu en puisant largement à la source des grâces divines.

Le pauvre qui entre à l'église y puise à son tour les consolations les plus douces et en même temps les plus solides. Il voit au pied des autels se rétablir la véritable égalité devant celui qui ne tient compte que de la vertu et des bonnes œuvres!

L'orphelin et le malheureux sont

admis à la table Eucharistique aussi bien que les
grands et les princes de la terre, et si les épreuves
cruelles de l'indigence ne sont pas entièrement
dissipées dans nos temples, au moins tous ceux
qui souffrent y entendent le langage de
l'espérance, et leur âme peut tressaillir de
joie en écoutant les promesses divines et
en recevant le gage de l'heureuse immor-
-talité !

Mais arrivons, Mes frères, à des conséquences
plus immédiates encore. Vous avez peut-être
la douleur de voir aux prises avec la mort
une personne qui vous est chère ; il lui
faut les secours précieux de la religion
pour accomplir avec plus de confiance le
terrible passage du temps à l'éternité. Hélas
sans une église à proximité, où trouvera
-t-elle utilement les ineffables ressources
dont elle a si besoin à son heure dernière
que de retards ! que d'impossibilités. Bien
des fois le pasteur chargé du soin des âmes
n'aura-t-il pas la douleur de les voir quitter
ce monde sans avoir pu les munir du
Viatique divin ! Oh ! pour des chrétiens
qui ont la foi et qui comprennent le prix
des âmes et l'incertitude du Salut, cette
considération n'est-elle pas d'un poids
immense pour les décider à me l'aplier

les églises autant qu'il est en leur pouvoir ?

Et mes frères quand ceux que vous avez
aimé ont rendu le dernier soupir, tout
n'est pas fini. Pour nous chrétiens il
y a un lien éternel qui nous unit et
nous devons des prières, de pieux suffrages,
des bonnes œuvres pour obtenir le soula-
-gement de nos frères qui ont encore
une expiation à subir. Mais voyez
ces populations qui n'ont pas à leur
portée un autel pour y déposer leurs
vœux journaliers, adresser leurs suppli-
-cations quotidiennes et pour offrir chaque
jour l'adorable sacrifice; quelle désolation
ne doivent-elles pas éprouver dans leur
impuissance de venir en aide à leurs
parents bien aimés ou à leurs amis qui
réclament le secours de leurs prières !
leur est-il facile ? leur est-il possible
d'exercer le sublime devoir de la charité
en faveur des fidèles qui gémissent dans
les tourments du purgatoire ? Ô vous
tous qui cherchez avec tant de zèle à
soulager par vos prières et vos bonnes
œuvres tous ceux qui vous ont été unis
sur la terre, comprenez les regrets
amers de ceux qui n'ont pas le temps

pour venir à cette église y implorer la clémence divine et attirer sur les âmes souffrantes dans le lieu des dernières épreuves le pardon et l'indulgence qui leur ouvriraient le ciel! Oh! si ces pauvres âmes pouvaient sortir du purgatoire, croyez moi, mes frères, leurs prières s'uniraient aux miennes pour solliciter vos secours et elles plaideraient plus éloquemment que moi la cause de l'église St. Maur.

Je me permettrai encore une réflexion. Vous savez que la dévotion à l'auguste Marie est regardée non seulement comme le gage du salut éternel, mais comme le moyen le plus efficace de maintenir la paix et le bonheur dans nos paroisses en y faisant germer les plus belles vertus. Mais comment rendre à la divine Reine des anges les hommages qui lui sont dûs? Comment pratiquer la douce et salutaire piété envers la meilleure des mères dans un autel autour duquel puissent venir se grouper les cœurs fidèles qui voudraient l'aimer et l'imiter sur la terre? Oh! vous désirez trop sa gloire, vous êtes trop convaincus de l'heureuse influence

qu'elle exerce avec tant de bonté sur les justes
et sur les pécheurs pour ne pas tendre une
main secourable à un pauvre prêtre qui,
depuis 19 ans, se dévoue généreusement
à vos plus chers intérêts, pourquoi ne
le dirai-je pas en toute franchise! et
qui demande à ranger sous la bannière
protectrice de la plus sainte des vierges
un plus grand nombre d'entre vous!

Que pourrais-je ajouter à ces considérations
puissantes? Si je consulte mon cœur pour des
chrétiens qui comprennent l'indispensable
nécessité de la religion dans les observances les
plus exactes et les plus ferventes, ils devront
faire encore un généreux effort de la charité.
Oui, mes frères, vous êtes persuadés que le
plus bel acte d'amour envers Dieu, c'est de lui
élever une église puisque c'est là qu'on
apprend à le connaître, à le servir; c'est là
que tout nous parle de ses bienfaits d'une
manière irrésistible; c'est là que l'on vient
s'unir intimement à lui; dans le plus
ineffable mystère! Élever une église à
Dieu c'est aussi pratiquer la charité
la plus utile, la plus efficace et la plus
universelle en faveur du prochain,
puisque c'est offrir aux enfants comme
aux vieillards, aux riches comme aux

pauvres, aux serviteurs comme aux maîtres
aux justes comme aux pécheurs, à tous enfin
des ressources continuelles, des secours précieux
dans leurs besoins et dans toutes les épreuves
du pélérinage qu'il leur faut accomplir
avant de retourner dans leur céleste patrie.

Il est raconté dans les livres saints
qu'après la captivité de Babylone,
lorsque les Juifs, selon les ordres de
Cyrus, eurent complété la réédification
de leur temple autrefois si célèbre, des
larmes amères inondèrent les yeux des
Vieillards, qui avaient survécu à la
ruine de la cité de Dieu, ils se rappelaient
avec les regrets les plus douloureux la
gloire de l'ancien tabernacle qu'ils
avaient préparé au Seigneur et en
voyant que ses murs étaient reconstruits
contre toute espérance, ils versaient
des larmes de reconnaissance et de
joie. Nous aussi, mes frères, nous
n'avons pas complètement effacé la
trace des malheurs qui ont frappé notre
pays. Je n'aurai pas eu à plaider
devant vous la cause d'une église à
Lunéville il y a soixante ans ; mais
grâce à vos largesses chrétiennes, elle
sortira aussi de ses ruines et nous

pourrons à notre tour verser des larmes
de bonheur et de reconnaissance!
Ô mon Dieu! Sagesse infinie, lumière incréée
qui éclaire tout homme dans la nuit de ce
monde; lux vera quæ illuminat omnem hominem.
Quels trésors de grâces et de bénédictions,
quelles ineffables récompenses vous reservez
aux âmes généreuses qui auront contribué
à vous faire connaître, à vous faire aimer
ici bas! N'est-ce pas pour ces cœurs charitables
que votre prophète a dit quelque part:
Ceux qui auront formé les peuples à la
vertu et qui les auront guidés dans le
chemin de la justice, brilleront comme
des astres étincelants sur l'horizon dans
bonne de l'éternité; Et qui ad justitiam
erudiunt multos, quasi stellæ in perpetuas
æternitates.

Il ne me reste plus, Mes frères qu'à
remercier Mr. le Curé de l'autorisation
qu'il a bien voulu me donner de monter
dans cette chaire afin que je puisse
faire un appel à votre charité; qu'il
en reçoive ici l'expression de la
reconnaissance de notre digne et
vénérable Évêque dont le cœur a sura-
-bondé de joie en apprenant cette
Nouvelle. N'est-il pas vrai que

Vous mêmes, Mes frères, vous en êtes
reconnaissants à M. le Curé ? Votre
présence si nombreuse lui en est garant.
Merci aussi, Mes frères, Merci mille
fois pour vos généreuses offrandes ! comptez
sur la vive gratitude de celui qui ne
vous oubliera jamais dans ses prières

---

autog. Nicolas-Digout. Nancy.